škola - məktəp	2
cesta - səyəxət	5
transport - transport	8
město - şəhər	10
krajina - tirə-yün	14
restaurace - restoran	17
supermarket - supermarket	20
nápoje - eçemlekler	22
jídlo - azıq	23
usedlost - çeftlek	27
dům - yort	31
obývací pokoj - qunaq bülməse	33
kuchyně - aş bülməse	35
koupelna - yuınu bülməse	38
dětský pokoj - bala bülməse	42
oblečení - kiyem	44
kancelář - ofis	49
hospodářství - iqtisad	51
povolání - hönərlər	53
nářadí - ələtlər	56
hudební nástroje - muzıka alətlərə	57
zoo - xaywan baqçası	59
sport - sport törlərə	62
aktivity - itkenlekler	63
rodina - ğailə	67
tělo - tən	68
nemocnice - xastaxanə	72
urgentní případ - kiçektergesez xəl	76
země - Cir	77
hodiny - səğət	79
týden - atna	80
rok - yıl	81
tvary - şəkellər	83
barvy - töslər	84
protiklady - qapma-qarşılıqlar	85
čísla - sannar	88
jazyky - tellər	90
Kdo / co / jak - kem / nərsə / niçek	91
kde - qayda	92

Impressum
Verlag: BABADADA GmbH, Nedderfeld 112 , 22529 Hamburg
Geschäftsführer / Verlagsleitung: Harald Hof
Druck: Books on Demand GmbH, In de Tarpen 42, 22848 Norderstedt

Imprint
Publisher: BABADADA GmbH, Nedderfeld 112 , 22529 Hamburg, Germany
Managing Director / Publishing direction: Harald Hof
Print: Books on Demand GmbH, In de Tarpen 42, 22848 Norderstedt

škola
məktəp

dělit / bülü
186/2
tabule / taqta
třída / sıynıf bülməse
školní hřiště / məktəp ixatası
učitel / uqıtuçı
papír / kəğəz
psát / yazarğa
pero / qələm
psací stůl / östəl
pravítko / sızğıç
kniha / kitap
žák / uquçı

aktovka
buqça

penál
qələmdan

tužka
qırandaş

ořezávátko
qələm oçlağıç

guma
betergeç

blok na kreslení
rəsem dəftərə

výkres   štětec   malířské potřeby
rəsem   pumala   buyawlar tartması

nůžky   lepidlo   cvičebnice
qayçı   cilem   dəftər

domácí úkol   počet   sčítat
öy eşe   san   quşu

odčítat   násobit   počítat
alu   tapqırlaw   isəpləw

písmeno   abeceda   slovo
xəref   əlifba   süz

škola - məktəp

text tekst	číst uqırğa	křída aqbur

hodina dəres	třídní kniha sıynıf jurnalı	zkouška imtixan

vysvědčení sertifikat	školní uniforma məktəp forması	vzdělání məğərif

encyklopedie ensiklopediyə	univerzita universitə	mikroskop mikroskop
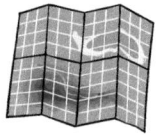		
karta xarita	odpadkový koš na papír çüp qəğəz çiləge	

škola - məktəp

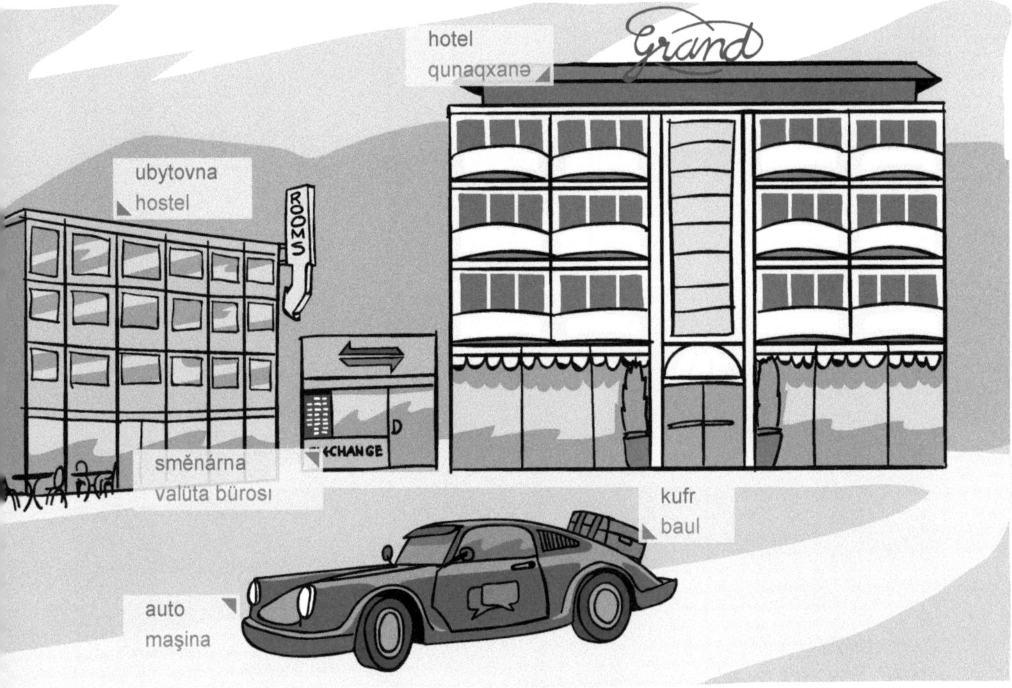

cesta
səyəxət

- hotel / qunaqxanə
- ubytovna / hostel
- směnárna / valūta bürosı
- kufr / baul
- auto / maşina

jazyk
tel

ano / ne
əye / yuq

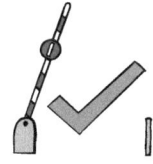

oukej
yarar

Ahoj!
isənmesez

překladatel
tərceməçe

děkuji
Rəxmət

Kolik stojí...?
... küpme tora?

nerozumím
min añlamıym

problém
problem

Dobrý večer!
Xəyerle kiç!

Dobré ráno!
Xəyerle irtə!

Dobrou noc!
Tınıç yoqı!

na shledanou
saw bulığız

směr
yünəleş

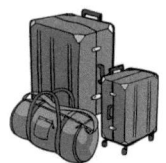

zavazadlo
bagaj

taška
buqça

batoh
biştər

host
qunaq

pokoj
bülmə

spací pytel
yoqı qapçığı

stan
çatır

cesta - səyəxət

turistické informace | pláž | kreditní karta
turist məğlüməte | qomsal | kredit kərte

snídaně | oběd | večeře
irtənge aş | töşlek | kiçke aş

jízdenka | výtah | poštovní známka
bilet | lift | marka

hranice | clo | poselství
çik | tamğaxanə | ilçelek

vízum | pas
viza | pasport

cesta - səyəxət

transport
transport

loď
kərap

letadlo
oçqıç

hasičský vůz
yanğın maşinası

nákladní vůz
töyər

autobus
awtobus

motorový člun
motorlı köymə

auto
maşina

kolo
səpid

přívoz
boram

člun
köymə

motorka
motosiklət

policejní auto
polisə maşinası

závodní auto
uzış maşinası

pronajaté auto
kiralıq maşina

8   transport - transport

sdílení aut
karşering

odtahová služba
tartuçı

popelářský vůz
çüp töyəre

motor
motor

palivo
yağulıq

čerpací stanice
benzinlek

dopravní značka
trafik bilgese

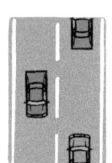

doprava
xərəkət

dopravní zácpa
böke

parkoviště
parking

vlakové nádraží
stansa

koleje
rəy

vlak
trən

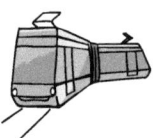

tramvaj
tramway

vagón
vagon

transport - transport

helikoptéra
boralaq

letiště
hawa alanı

věž
manara

pasažér
yulçı

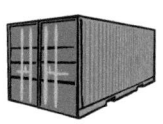
kontejner
konteyner

kartón
alap

trakař
yök arbası

koš
səbət

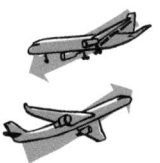
vzlétnout / přistát
qalqu / töşü

město
şəhər

vesnice
awıl

střed města
şəhər üzəge

dům
yort

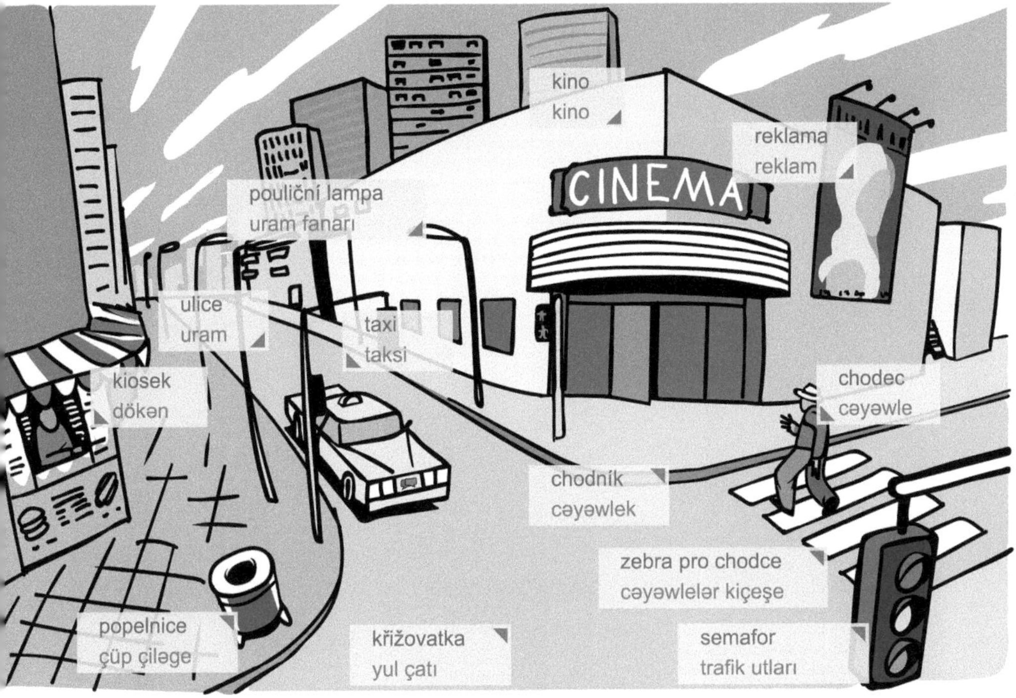

pouliční lampa / uram fanarı

kino / kino

reklama / reklam

ulice / uram

taxi / taksi

kiosek / dökən

chodec / cəyəwle

chodník / cəyəwlek

zebra pro chodce / cəyəwlelər kiçeşe

popelnice / çüp çiləge

křižovatka / yul çatı

semafor / trafik utları

chata
alaçıq

byt
fatir

vlakové nádraží
stansa

radnice
şəhər xakimiyəte

muzeum
yədkərxanə

škola
məktəp

město - şəhər

univerzita	banka	nemocnice
universitə	bank	xastaxanə

hotel	lékárna	kancelář
qunaqxanə	daruxanə	ofis

knihkupectví	obchod	květinářství
kitap kibete	kibet	çəçək kibete

supermarket	tržnice	obchodní dům
supermarket	bazar	zur kibet

rybárna	nákupní centrum	přístav
balıq kibete	səwdə üzəge	liman

město - şəhər

park
park

lavička
eskəmiyə

most
küper

schody
basqıç

metro
metro

tunel
tunnel

autobusová zastávka
awtobus tuqtalışı

bar
bar

restaurace
restoran

poštovní schránka
yamıl tartması

pouliční tabule
uram bilgese

parkovací hodiny
parking sanağıçı

zoo
xaywan baqçası

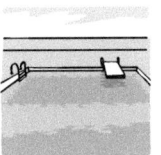
plovárna
xəwezxanə

mešita
məçet

město - şəhər

usedlost
çeftlek

znečišťování životního prostředí
kerlelek

hřbitov
zirat

církev
çirkəw

hřiště
uyın alanı

chrám
ğibädätxanä

krajina
tirə-yün

list
yafraq

rozcestník
yul kürsətkeçe

cesta
yul

louka
bolın

kámen
taş

strom
ağaç

turista
yöreşçe

řeka
yılğa

tráva
ülən

květina
çəçək

krajina - tirə-yün

údolí   hora   jezero
üzən   qalqulıq   kül

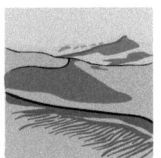

les   poušť   sopka
urman   çül   yanartaw

zámek   duha   houba
nığıtma   salawat küpere   gömbə

palma   komár   moucha
palma   çerki   çeben

mravenec   včela   pavouk
qırmısqa   bal qortı   ürməküç

brouk žába veverka
qoñğız baqa tiyen

ježek zajíc sova
kerpe quyan yabalaq

pták labuť divoké prase
qoş aqqoş qaban duñğızı

jelen los přehrada
bolan poşıy tuan

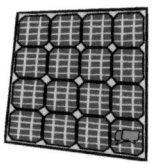

větrné kolo solární panel podnebí
cir turbinı qoyaş panele iqlim

krajina - tirə-yün

restaurace
restoran

číšník
tabınçı

jídelní lístek
saylaq

židle
urındıq

pizza
pitsa

polévka
aş

příbor
çəneçke-pıçaq taqımı

ubrus
aşyawlıq

předkrm
qabımlıq

hlavní chod
töp aşamlıq

dezert
tatlı

nápoje
eçemleklər

jídlo
azıq

láhev
şeşə

restaurace - restoran

rychlé občerstvení	pouliční občerstvení	čajová konvice
fastfud	uram rizığı	çəygün

 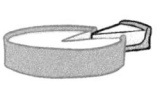 

cukřenka	porce	kávovar na espresso
şikər sawıtı	salım	espresso maşinı

dětská stolička	faktura	tác
biyek urındıq	xisap	töger

nůž	vidlička	lžíce
pıçaq	çəneçke	qaşıq

čajová lyžička	ubrousek	sklenička
çəy qaşığı	tastımal	tustağan

restaurace - restoran

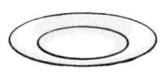  

talíř · tabaq

talíř na polévku · aş tabağı

podšálek · cəypək

omáčka · sous

slánka · toz sawıtı

mlýnek na pepř · borıç tegermǝne

  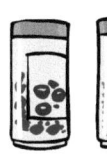

ocet · serkǝ

olej · sıyıq may

koření · tǝmlǝtkeç

kečup · ketçup

hořčice · xǝrdǝl

majonéza · mayonez

restaurace - restoran

supermarket
supermarket

nabídka
maxsus təqdim

zákazník
satıp aluçılar

mléčné výrobky
söt eşlənmələre

nákupní vozík
kibet arbası

ovoce
cimeş

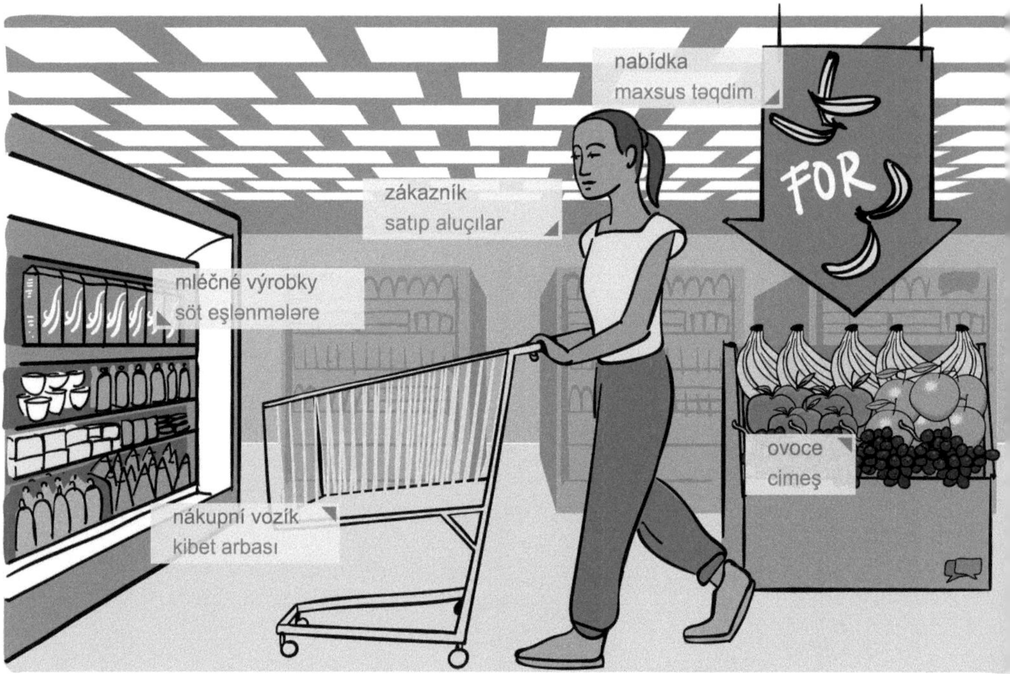

masna

it kibete

pekařství

ikməkxanə

vážit

ülçəw

zelenina

yəşelçə

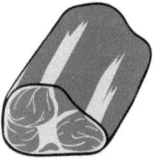

maso

it

mražené potraviny

tuñdırılğan aşamlıqlar

supermarket - supermarket

obložený talíř | konzervy | prací prášek
suıq it | kənsirləngən aşamlıq | ker tuzı

cukrovinky | výrobky pro domácnost | čisticí prostředek
şikərləmələr | öy eşlənmələre | təmizlek eşlənmələre

prodavačka | pokladna | pokladní
satuçı | yazuçı kassa | kassir

  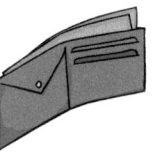

nákupní seznam | otevírací doba | peněženka
satıp alu isemlege | eş waqıtı | qalta

kreditní karta | taška | igelitová taška
kredit kərte | buqça | plastik qapçıq

supermarket - supermarket

nápoje
eçemleklər

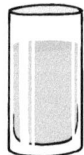
voda
su

džus
sut

mléko
söt

kola
kola

víno
şərəb

pivo
sıra

alkohol
xəmer

kakao
kakao

čaj
çəy

káva
qəhwə

espresso
espresso

kapučíno
kapuçino

jídlo
azıq

banán
banan

jablko
alma

pomeranč
əflisun

meloun
qarbız

citrón
limon

mrkev
kişer

česnek
sarımsaq

bambus
bambu

cibule
suğan

houba
gömbə

ořechy
çikləweklər

těstoviny
toqmaç

jídlo - azıq 23

špageti	rýže	salát
spagetti	döge	salat

hranolky	americké brambory	pizza
çips	qızdırılğan bərəñge	pitsa

hamburger	sendvič	řízek
hamburger	sandwiç	kətlit

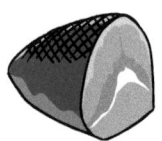  

šunka	salám	salám
ветчина	salami	sosis

kuře	pečeně	ryby
tawıq ite	qızdırma	balıq

jídlo - azıq

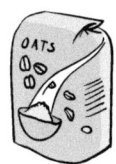

ovesné vločky

solı izməse

müsli

müsli

vločky

məkkəy keterdege

mouka

on

croissant

kruassan

houska

ipi tügərəge

chléb

ikmək

toast

tost

sušenky

kətərməç

máslo

may

tvaroh

eremçek

buchta

kəyk

vejce

yomırqa

volské oko

təbə

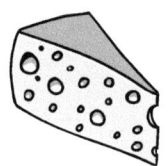

sýr

pəynir

jídlo - azıq

| zmrzlina | cukr | med |
| tuñdırma | şikər | bal |

| marmeláda | nugátový krém | kari |
| qaynatma | şokolad izməse | karri |

jídlo - azıq

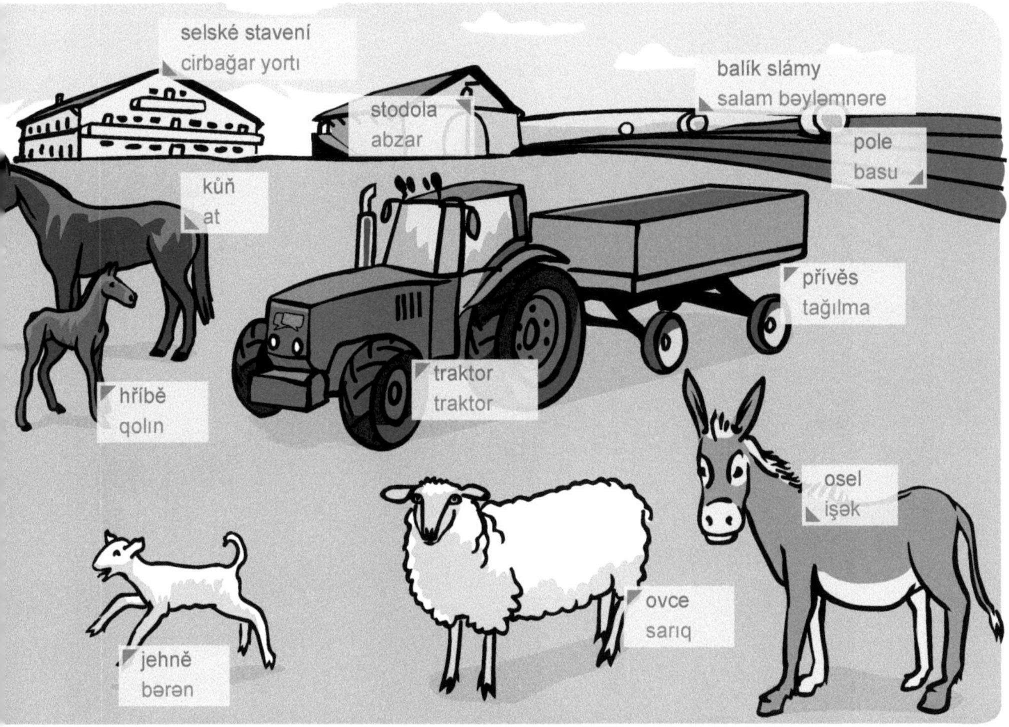

usedlost
çeftlek

selské stavení
cirbağar yortı

stodola
abzar

balík slámy
salam bəyləmnərə

pole
basu

kůň
at

přívěs
tağılma

traktor
traktor

hříbě
qolın

osel
işək

ovce
sarıq

jehně
bərən

koza
kəcə

kráva
sıyır

tele
bozaw

prase
duñğız

sele
duñğız balası

býk
ügez

usedlost - çeftlek 27

husa
qaz

kachna
ürdək

kuře
çebi

slepice
tawıq

kohout
ətəç

krysa
küse

kočka
pesi

myš
tıçqan

vůl
eş ügeze

pes
et

psí bouda
et oyası

zahradní hadice
baqça xortumı

kropicí konev
susipkeç

kosa
çalğı

pluh
saban

usedlost - çeftlek

srp
uraq

motyka
kitmən

vidle
sənək

sekera
balta

kolecko
qul arbası

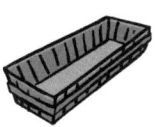
koryto
tağaraq

konev na mléko
söt çiləge

pytel
qapçıq

plot
qoyma

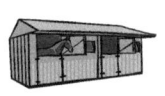
stáj
abzar

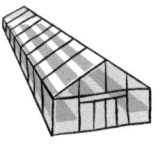
skleník
essexanə

půda
tufraq

osivo
orlıq

hnojivo
aşlama

kombajn
kombayn

usedlost - çeftlek

sklidit
uñış cıyarğa

sklizeň
uñış

smldinec
yam

pšenice
boday

sója
soya

brambora
bərəñge

kukuřice
məkkəy

řepka
raps

ovocný strom
cimeş ağaçı

maniok
manyok

obilí
börteklelər

usedlost - çeftlek

dům
yort

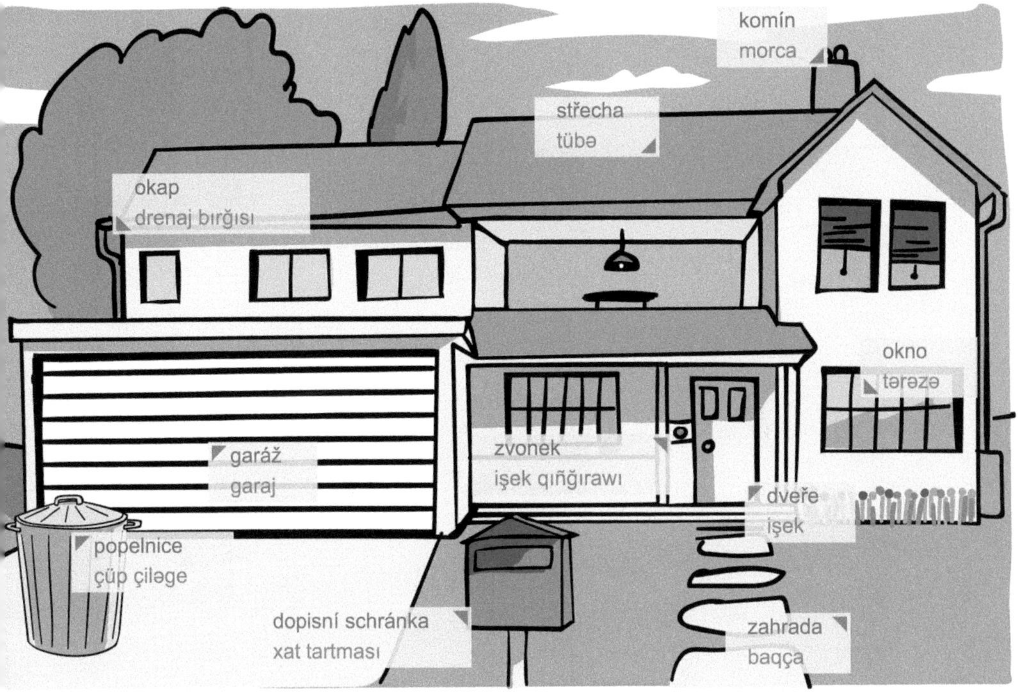

komín
morca

střecha
tübə

okap
drenaj bırğısı

okno
tərəzə

garáž
garaj

zvonek
işek qıñğırawı

dveře
işek

popelnice
çüp çiləge

dopisní schránka
xat tartması

zahrada
baqça

obývací pokoj

qunaq bülməse

koupelna

yuınu bülməse

kuchyně

aş bülməse

ložnice

yataq bülməse

dětský pokoj

bala bülməse

jídelna

aş bülməse

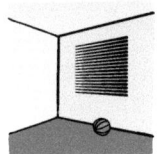 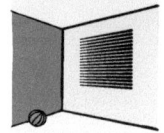 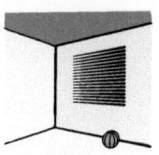

podlaha	zeď	deka
idän	diwar	tüşəm

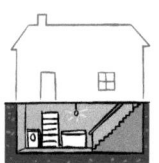  

sklep	sauna	balkón
tülə	sawna	balkon

 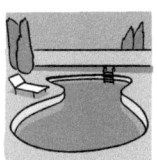 

terasa	bazén	sekačka na trávu
teras	xəwez	çirəmçapqıç

  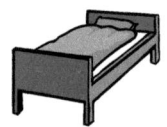

ložní prádlo	lůžková přikrývka	postel
cəymə	yataq yapması	yataq

smeták	kýbl	vypínač
seberke	çilək	özgeç

dům - yort

obývací pokoj
qunaq bülməse

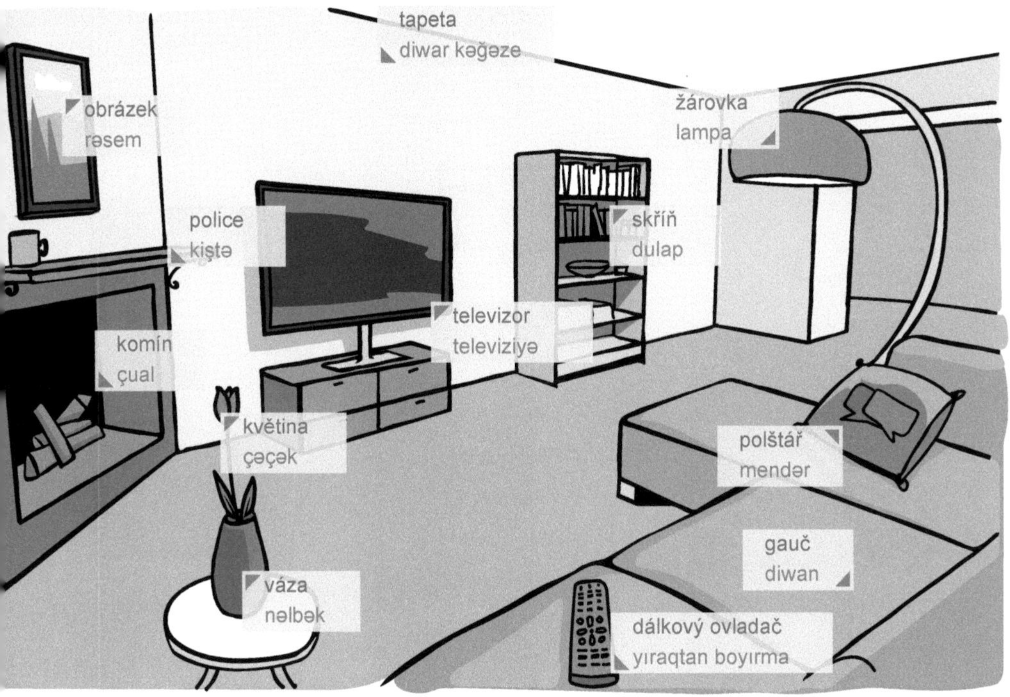

- tapeta / diwar kəğəze
- obrázek / rəsem
- žárovka / lampa
- police / kiştə
- skříň / dulap
- komín / çual
- televizor / televiziyə
- květina / çəçək
- polštář / mendər
- váza / nəlbək
- gauč / diwan
- dálkový ovladač / yıraqtan boyırma

koberec
keləm

závěs
pərdə

stůl
östəl

židle
urındıq

houpací křeslo
tirbəlmə urındıq

křeslo
kənəfi

kniha — kitap

strop — yapma

ozdoba — dekor

palivové dříví — utın

film — film

stereo souprava — hi-fi

klíč — açqıç

noviny — gəcit

malba — sürət

plakát — poster

rádio — radio

poznámkový blok — quyın dəftərə

vysavač — tuzansuırğıç

kaktus — kaktus

svíce — şəm

obývací pokoj - qunaq bülməse

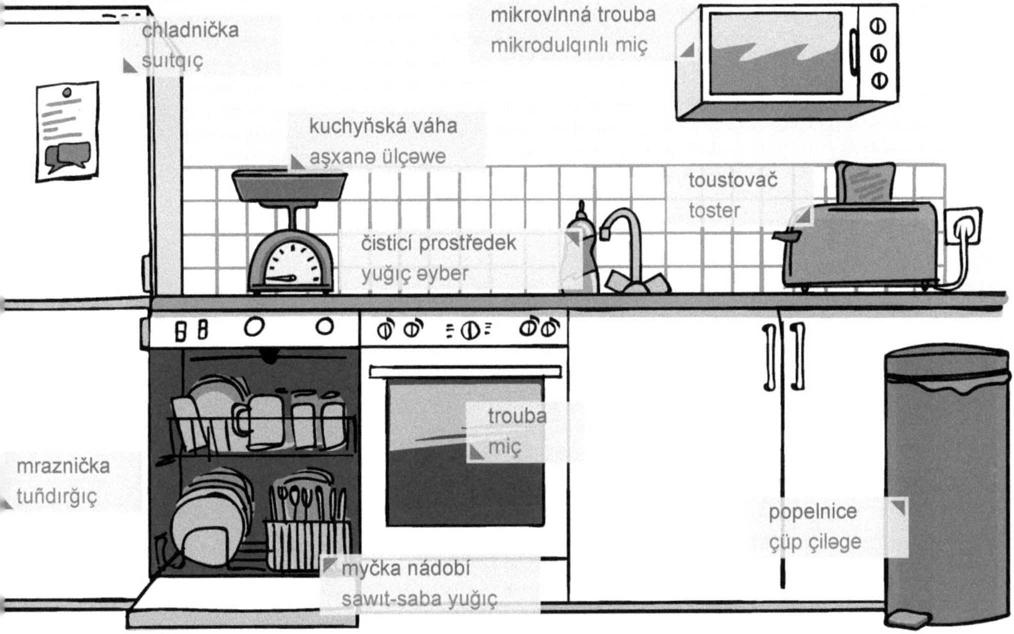

kuchyně
aş bülməse

chladnička
suıtqıç

mikrovlnná trouba
mikrodulqınlı miç

kuchyňská váha
aşxanə ülçəwe

toustovač
toster

čisticí prostředek
yuğıç əyber

mraznička
tuñdırğıç

trouba
miç

popelnice
çüp çiləge

myčka nádobí
sawıt-saba yuğıç

sporák
əwsək

hrnec
sağan

litinový hrnec
çuyın sağan

wok / kadai
wok

pánev
taba

varná konvice
çəygün

kuchyně - aş bülməse

parní hrnec
bulı peşergeç

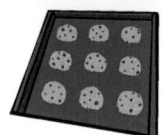

plech na pečení
qalay

nádobí
sawıt-saba

hrnek
təgəç

miska
kəsə

jídelní hůlky
aşaw tayaqçıqları

naběračka
ucaw

obracečka
spatula

metla
tuğlağıç

síto
sözgeç

cedník
ilək

struhadlo
qırğıç

hmoždíř
kile

gril
barbekü

ohniště
açıq uçaq

kuchyně - aş bülməse

prkénko na krájení
taqta

váleček na těsto
uqlaw

vývrtka
böke suırğıç

dóza
metal tartma

otvírák na konzervy
kənsir açqıç

chňapka
miç biyələye

umyvadlo
kirşən

kartáč na nádobí
fırça

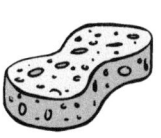
houba
bolıt

mixér
blender

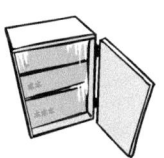
mrazák
tirən tuñdırğıç

dětská lahev
imezlekle şeşə

kohoutek
çömək

kuchyně - aş bülməse

koupelna
yuınu bülməse

- topení / cılıtu
- sprcha / duş
- ručník / sölge
- sprchový závěs / duş pərdəse
- pěnová koupel / kübekle vanna
- vana / vanna
- sklenička / tustağan
- pračka / ker yuğıç
- obkladačky / fayans
- kohoutek / çömək
- nočník / lazemlek
- umyvadlo / kirşən

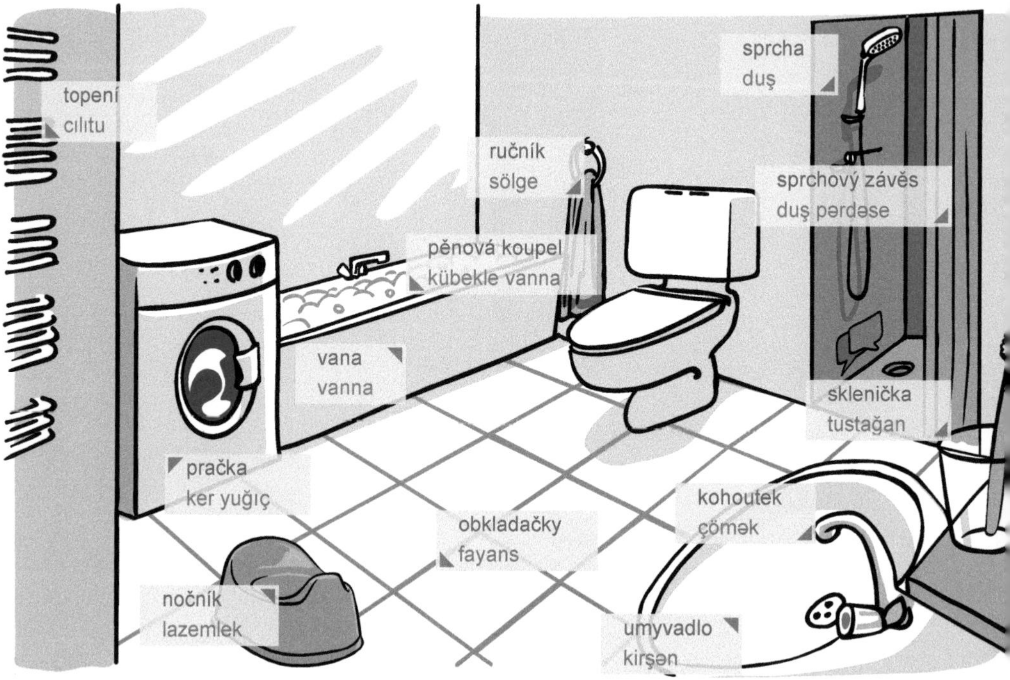

záchod
bədrəf

turecký záchod
törekçə bədrəf

bidet
bide

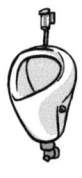

pisoár
pissuar

toaletní papír
bədrəf kəğəze

záchodová štětka
bədrəf fırçası

38   koupelna - yuınu bülməse

zubní kartáček
teş fırçası

zubní pasta
teş məğcüne

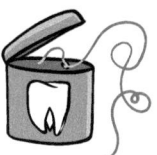

zubní niť
teş cebe

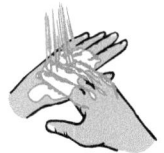

mýt
yuarğa

ruční sprcha
duş başlığı

intimní sprcha
duş

umyvadlo
kirşən

kartáč na záda
arqa fırçası

mýdlo
sabın

sprchový gel
duş seňəle

šampón
şampun

žínka
munçala

odpad
ağım

krém
krem

deodorant
dezodorant

koupelna - yuınu bülməse

zrcadlo
közge

kosmetické zrcátko
qul közgese

holicí strojek
östərə

pěna na holení
qırınu kübege

voda po holení
qırınu losyonı

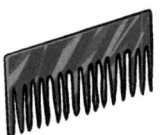

hřeben
taraq

kartáč
fırça

fén
fön

lak na vlasy
çəç sprəye

makeup
makiyaj

rtěnka
iren innege

lak na nehty
tırnaq cələse

vata
mamıq

nůžky na nehty
tırnaq qayçısı

parfém
xuşbuy

40 koupelna - yuınu bülməse

ka s toaletními potřebami — stolička — váha
makiyaj buqçası — utırğıç — ülçəw

župan — gumové rukavice — tampón
çoba — rezin iləsə — tampon

dámská vložka — chemická toaleta
higiyenik pəd — kimiyəwi bədrəf

koupelna - yuınu bülməse

dětský pokoj
bala bülməse

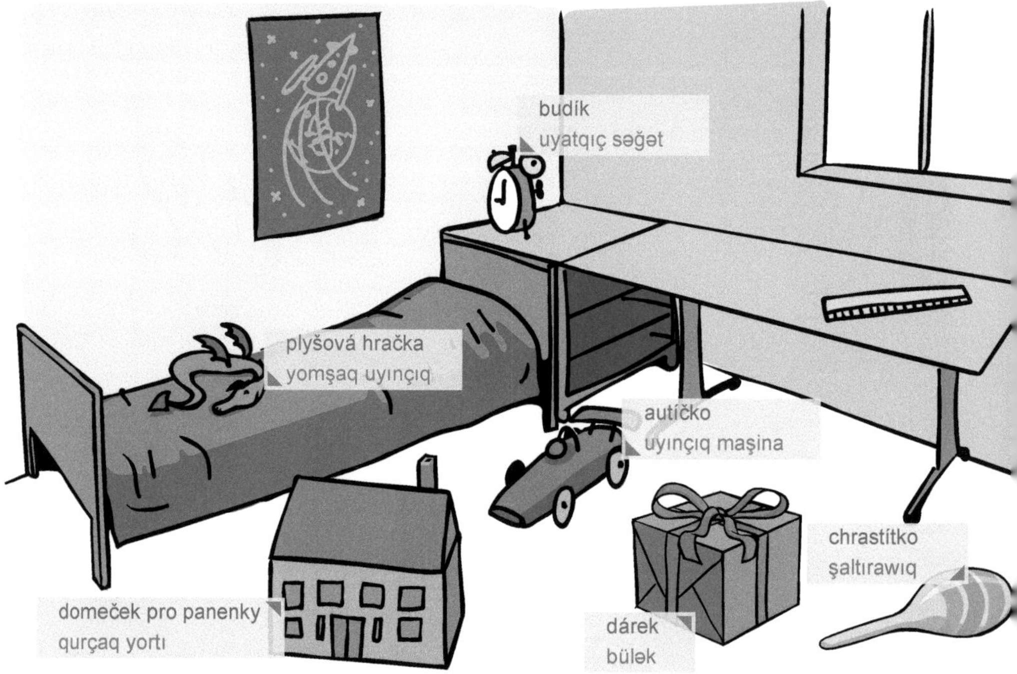

budík
uyatqıç səğət

plyšová hračka
yomşaq uyınçıq

autíčko
uyınçıq maşina

domeček pro panenky
qurçaq yortı

dárek
bülək

chrastítko
şaltırawıq

balón
hawa şarı

postel
yataq

kočárek
bəbi arbası

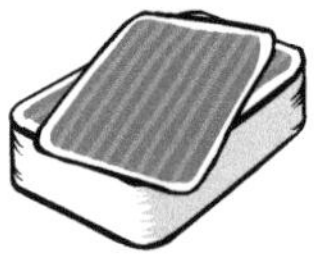

balíček karet
kərt dəstəse

puzzle
pazl

komiks
komiks

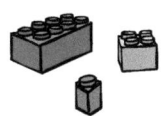
lego kostky
lego kirpeçlərə

stavebnice
şaqmaqlar

akční figurka
uyın sınçığı

dupačky
zıbın

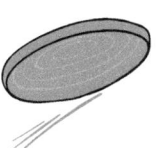
frisbee
frisbi

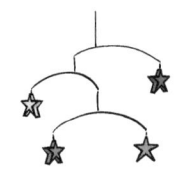
závěsné hračky nad postýlku
mobil

desková hra
östəl uyını

kostky
uyın taşı

modelová železnice
trən modele cıyılması

dudlík
imezlek

oslava
kiçə

obrázková kniha
rəsemle kitap

míč
tup

panenka
qurçaq

hrát si
uynarğa

dětský pokoj - bala bülməse

pískoviště
qomlıq

houpačka
tağan

hračky
uyınçıqlar

hrací konzole
uyın quşması

tříkolka
öç köpçəkle səpid

medvídek
uyınçıq ayu

šatník
kiyem dulabı

oblečení
kiyem

ponožky
oyıqbaş

punčochy
oyıq

punčochové kalhoty
oyığıştan

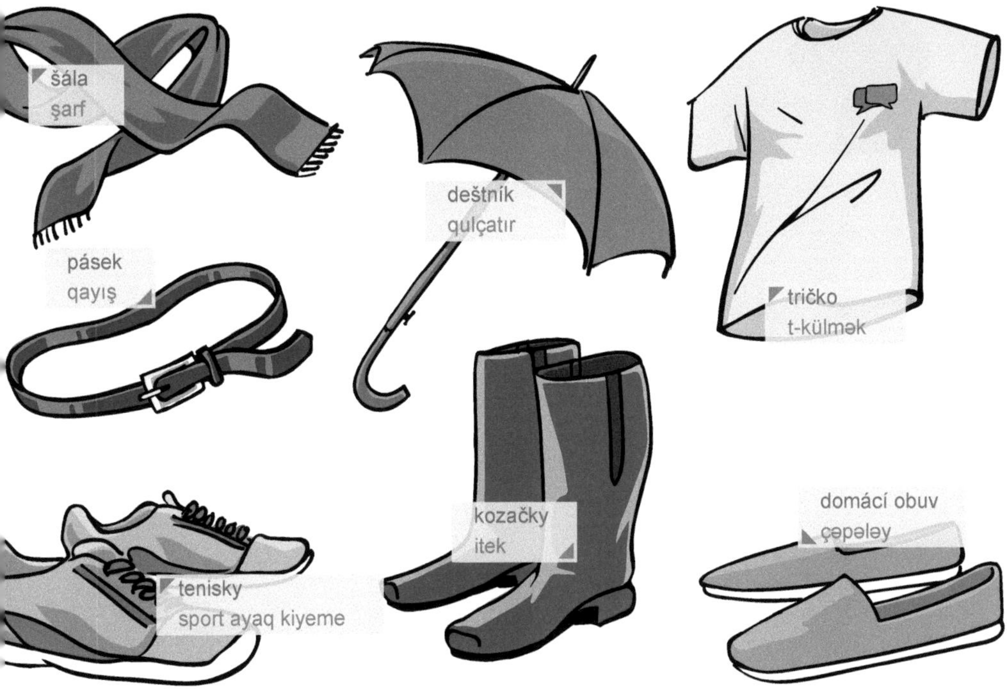

sandály	obuv	holínky
sandallar	ayaq kiyeme	rezin itek

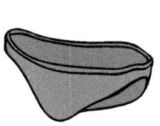

spodní prádlo	podprsenka	nátělník
tənban	tüşti	cələk

oblečení - kiyem

body — bodi

kalhoty — çalbar

džíny — jins

sukně — itək

blůza — bluz

košile — külmək

svetr — sviter

mikina — hudi

blejzr — bleyzer

bunda — jaket

kabát — bişmət

pláštěnka — yañğırlıq

kostým — kəçtüm

šaty — külmək

svatební šaty — tuy külməge

oblečení - kiyem

oblek
taqım kiyem

noční košile
tönge külmək

pyžamo
pijama

sárí
sari

šátek na hlavu
yawlıq

turban
çalma

burka
burqa

kaftan
çapan

abája
abaya

plavky
qoyınu kiyeme

pánské plavky
yözü tənbanı

kraťasy
şort

tepláková souprava
sport kiyeme

zástěra
alyapqıç

rukavice
iləsə

knoflík	brýle	náramek
töymə	küzlek	beləzek

náhrdelník	prsten	náušnice
muyınsa	baldaq	alqa

čepice	ramínko	klobouk
kəpəç	elgeç	eşləpə

kravata	zip	helma
muyınbaw	zıncır	oçlam

kšandy	školní uniforma	uniforma
çalbar asması	məktəp forması	forma

oblečení - kiyem

bryndák
balalar kükrəkçəse

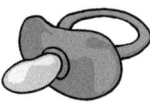
dudlík
imezlek

plena
küzələ

kancelář
ofis

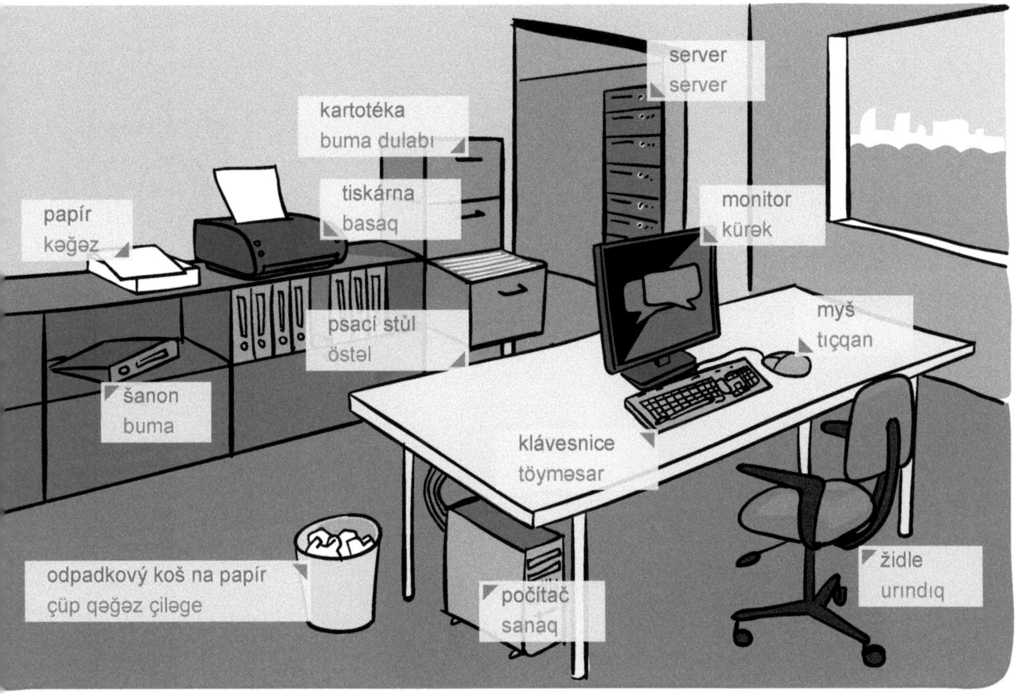

- server / server
- kartotéka / buma dulabı
- tiskárna / basaq
- monitor / kürək
- papír / kəğəz
- psací stůl / östəl
- myš / tıçqan
- šanon / buma
- klávesnice / töyməsar
- odpadkový koš na papír / çüp qəğəz çiləge
- počítač / sanaq
- židle / urındıq

hrnek na kávu
qəhwə təgəçe

kalkulačka
sansanar

internet
internet

notebook
leptop

dopis
xat

zpráva
xəbər

mobil
kesə telefonı

síť
çeltər

kopírka
fotokopyaçı

software
program təminatı

telefon
telefon

zásuvka
ayırğıç

fax
faks

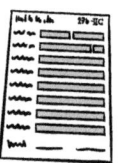
formulář
form

dokument
dokument

hospodářství
iqtisad

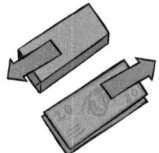
nakupovat
satıp alırğa

zaplatit
tülərgə

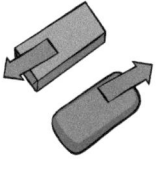
jednat
səwdə itərgə

peníze
aqça

dolar
dollar

euro
euro

jen
yen

rubl
sum

frank
frank

juan
yuan

rupie
rupi

bankomat
bankomat

hospodářství - iqtisad 51

směnárna · valüta bürosı

zlato · altın

stříbro · kömeş

olej · qaramay

energie · energiyə

cena · bəyə

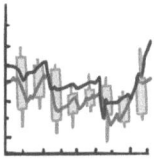

smlouva · kontrakt

daň · salım

akcie · stok

pracovat · eşlərgə

zaměstnanec · eşçe

zaměstnavatel · eş birüçe

továrna · fabrika

obchod · kibet

hospodářství - iqtisad

povolání
hönərlər

policista
polisə xezmətkəre

hasič
yanğın sünderüçe

kuchař
aşçı

lékař
tabib

pilot
oçuçı

zahradník
baqçaçı

truhlář
ağaç ostası

švadlena
tegüçe

soudce
xökemçe

chemik
kimiyəçe

herec
aktor

řidič autobusu	řidič taxi	rybář
awtobus yörtüçe	taksiçe	balıqçı

uklízečka	pokrývač	číšník
cıyıştıruçı xatın	tübə yabuçı	tabınçı

myslivec	malíř	pekař
awçı	rəssam	ikməkçe

elektrikář	stavební dělník	inženýr
elektrçı	tözüçe	möhəndis

řezník	klempíř	listonoš
itçe	çöməkçe	yamılçı

povolání - hönərlər

voják
ğəskəri

architekt
miğmar

pokladní
kassir

florista
çəçəkçe

kadeřník
çəçtaraş

průvodčí
konduktor

mechanik
mekanik

kapitán
kapitan

zubař
teş tabibı

vědec
ğalim

rabín
rabbi

imám
imam

mnich
kəşiş

duchovní
ruxani

nářadí
əlåtlər

kladivo
çükeç

kleště
qarğaborın

šroubovák
şörepborğıç

klíč
İngliz açqıçı

kapesní svítilna
qul fanarı

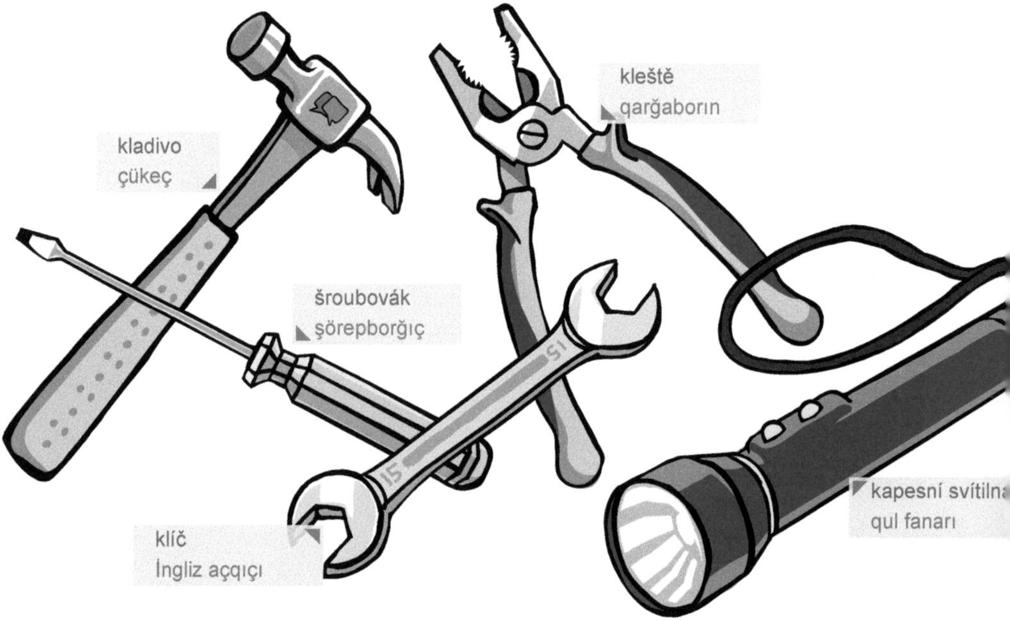

bagr
qazu maşinası

skříň na nářadí
ələt buqçası

žebřík
basqıç

pila
pıçqı

hřebíky
qadaqlar

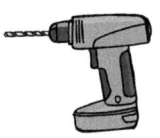

vrtačka
dril

opravit
tözətergə

lopata
körək

Kurva!
Şaytan alğırı!

lopatka
sosqı

vědroé na barvu
buyaw sawıtı

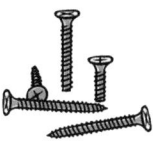

šrouby
mıqlar

hudební nástroje
muzıka alətləre

reproduktor
tawış köçəytkeç

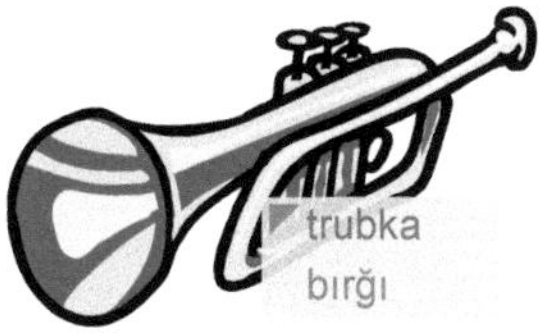

bicí
dawılbaz taqımı

kytara
gitar

kontrabas
kontrabas

trubka
bırğı

hudební nástroje - muzıka alətləre

klavír	housle	basa
piano	kəmən	bas gitar

tympán	bubny	keyboard
timpani	dawılbaz	töyməsar

saxofon	flétna	mikrofon
saksofon	flüt	mikrofon

hudební nástroje - muzıka alətləre

zoo
xaywan baqçası

- vstup / kerü
- tygr / yulbarıs
- klec / çitlek
- zebra / zebra
- krmivo pro zvířata / terlek azığı
- panda / panda

zvířata
xaywannar

slon
fil

klokan
köngerə

nosorožec
kərkədən

gorila
gorilla

medvěd
ayu

zoo - xaywan baqçası

velbloud

döyə

pštros

təwə qoşı

lev

arıslan

opice

maymıl

plameňák

flamingo

papoušek

tutıy qoş

lední medvěd

aq ayu

tučňák

pingwin

žralok

küpek balığı

páv

tawis

had

yılan

krokodýl

timsax

ošetřovatel zvířat

xaywan baqçası xezmətkəre

tuleň

suete

jaguár

yaguar

zoo - xaywan baqçası

| poník | leopard | hroch |
| poni | qaplan | su ayğırı |

| žirafa | orel | divoké prase |
| zörəfə | börket | qaban duñğızı |

| ryby | želva | mrož |
| balıq | taşbaqa | morşa |

| liška | gazela |
| tölke | ğəzəl |

zoo - xaywan baqçası

sport
sport törləre

aktivity
itkenleklər

- kočit / ikerergə
- smát se / kölərgə
- objímat / qoçaqlarğa
- zpívat / cırlarğa
- jít / yörergə
- modlit se / ğibədət qılırğa
- políbit / übərgə
- snít / xıyallanırğa

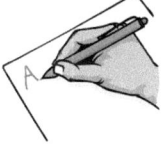

psát
yazarğa

kreslit
rəsem yasarğa

ukazovat
kürsətergə

tlačit
etərgə

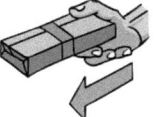

dát
birergə

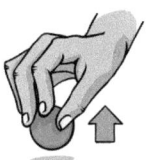

vzít si
alırğa

mít
iyə bulırğa

dělat
eşlərgə

být
bulırğa

stát
basıp torırğa

běhat
yögerergə

táhnout
tartırğa

hodit
taşlarğa

padat
yığılırğa

ležet
yatarğa

čekat
kötərgə

nosit
taşırğa

sedět
utırırğa

oblékat
kiyenergə

spát
yoqlarğa

vzbudit se
uyanırğa

aktivity - itkenleklər

prohlédnout si
qararğa

plakat
yılarğa

pohladit
sıparğa

česat
tararğa

hovořit
söyləşergə

rozumět
añlarğa

ptát se
sorarğa

slyšet
tıñlarğa

pít
eçərgə

jíst
aşarğa

uklidit
cıyıştırınırğa

milovat
söyərgə

vařit
peşerergä

jet
sörergə

letět
oçarğa

aktivity - itkenleklər

plachtit
diñgezgə açılu

počítat
isəpləw

číst
uqırğa

učit se
öyrənergə

pracovat
eşlərgə

vzít si
öylənergə

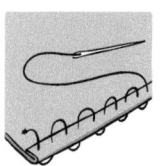
šít
tegərgə

čistit si zuby
teş fırçalarğa

zabít
üterergə

kouřit
təməke tartırğa

poslat
cibərergə

rodina
ğailə

babička / əbi

dítě / sabıy

dědeček / babay

matka / ana

otec / ata

dcera / qız

syn / ul

host
qunaq

teta
apa

strýc
abıy

bratr
abıy / ene

sestra
apa / señel

tělo
tən

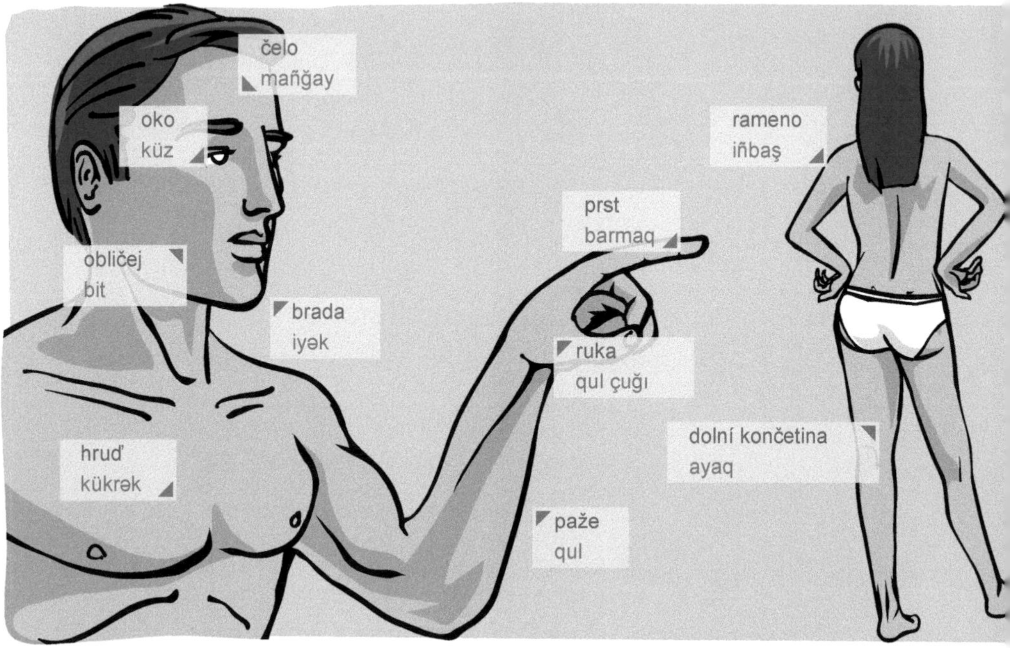

čelo
mañğay

oko
küz

rameno
iñbaş

prst
barmaq

obličej
bit

brada
iyək

ruka
qul çuğı

hruď
kükrək

dolní končetina
ayaq

paže
qul

dítě
sabıy

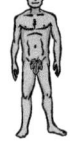

muž
ir

žena
xatın

dívka
qız

chlapec
malay

hlava
baş

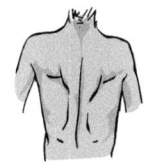

záda
arqa

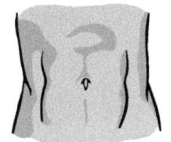

břicho
eç

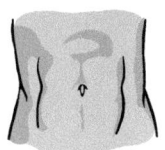

pupík
kendek

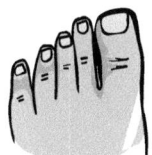

prst na noze
ayaq barmağı

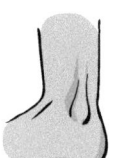

pata
ükçə

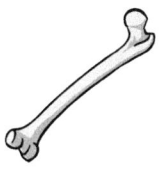

kost
söyək

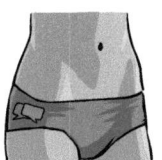

bok
bot

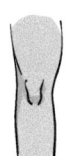

koleno
tez

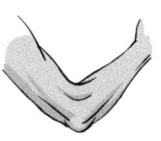

loket
tersək

nos
borın

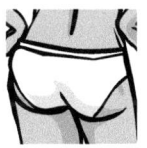

zadek
art san

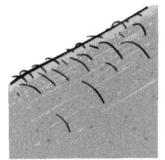

kůže
tire

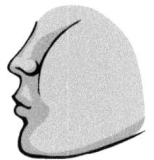

tvář
yañaq

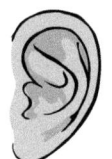

ucho
qolaq

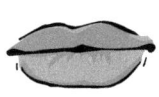

ret
iren

tělo - tən

ústa
awız

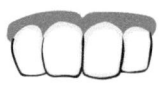
zub
teş

jazyk
tel

mozek
mi

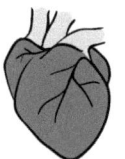
srdce
yörək

sval
ğəzlə

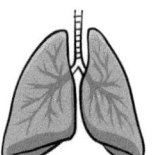
plíce
üpkə

játra
bawır

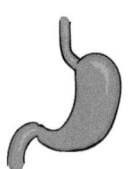
žaludek
aşqazanı

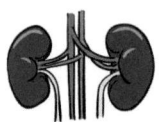
ledviny
böyerlər

pohlavní styk
seks

kondom
prezervativ

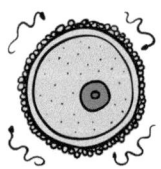
vajíčko
kükəy küzənək

sperma
məni

těhotenství
kömən

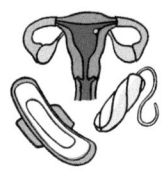  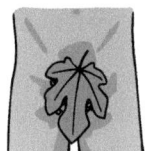

menstruace	vagina	penis
kürem	vagina	penis

  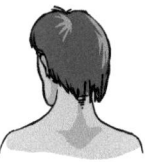

obočí	vlasy	krk
qaş	çəçlər	muyın

tělo - tən

nemocnice
xastaxanə

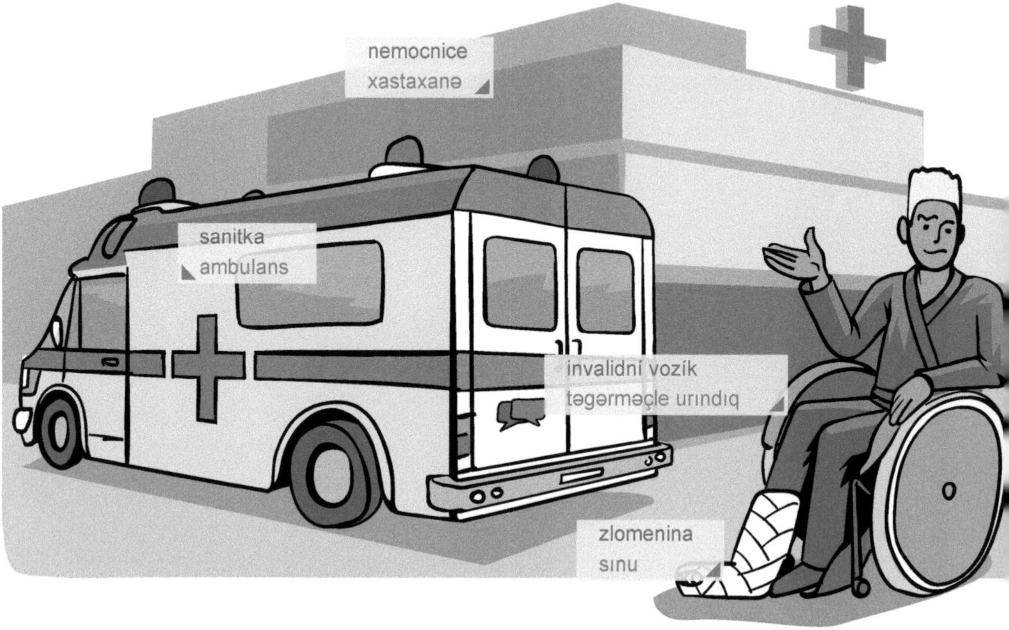

- nemocnice / xastaxanə
- sanitka / ambulans
- invalidní vozík / təgərməçle urındıq
- zlomenina / sınu

lékař
tabib

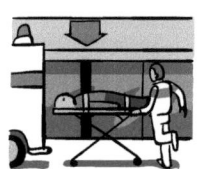

pohotovost
aşığıç yərdəm bülməse

zdravotní sestra
şəfqət tutaşı

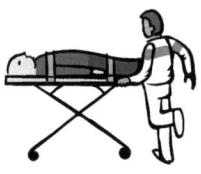

urgentní případ
kiçektergesez xəl

v bezvědomí
añsız

bolest
awırtu

úraz
cərəxətlənü

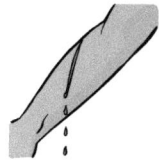

krvácení
qan ağu

infarkt myokardu
infarkt

cévní mozková příhoda
insult

alergie
allergiyə

kašel
yütəl

horečka
qızu

chřipka
grip

průjem
eç kitü

bolest hlavy
baş awırtu

rakovina
yaman şeş

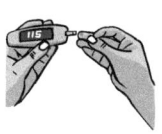

cukrovka
diabet

chirurg
xirurg

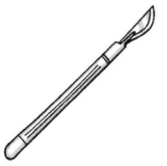

skalpel
skalpel

operace
ğəməliyət

nemocnice - xastaxanə

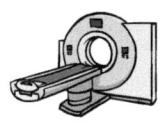
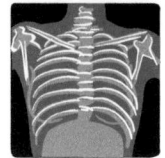
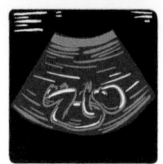

CT   rentgen   ultrazvuk
ST   röntgen   ultratawış

maska   nemoc   čekárna
bitlek   awıru   kötü bülməse

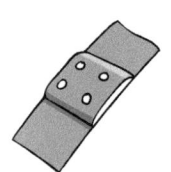

berle   náplast   obvaz
qultıq tayağı   plaster   bəyləweç

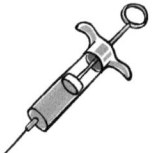
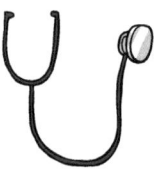
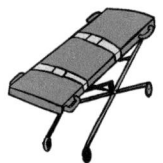

injekce   stetoskop   nosítka
qadaw   stetoskop   sədiyə

teploměr   porod   nadváha
klinik termometr   tuu   artıq awırlıq

nemocnice - xastaxanə

naslouchátko
işetü cihazı

dezinfekční prostředek
dezinfektant

infekce
yoğış

virus
virus

HIV / AIDS
KİV / BİDS

lékařství
daru

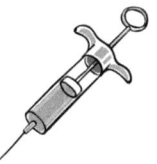
očkování
vaksinalanu

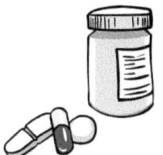
tablety
tabletlər

pilulka
kontraseptiv tablet

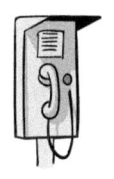
tísňové volání
aşığıç çaqıru

tonometr
qan basımı ülçəgeçe

nemocný / zdravý
awıru / sələmət

urgentní případ
kiçektergesez xəl

Pomoc!
Qotqarığız!

poplach
xəwef tawışı

přepadení
höcüm

napadení
höcüm

nebezpečí
qurqınıç

nouzový východ
aşığıç çığu

Hoří!
Yanğın!

hasicí přístroj
ut sündergeç

nehoda
qaza

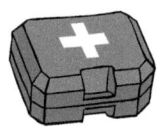

zdravotnická brašna
berençe yərdəm buqçası

SOS
SOS

policie
polisə

76 urgentní případ - kiçektergesez xəl

země
Cir

Evropa
Awrupa

Severní Amerika
Tönyaq Amerika

Jižní Amerika
Könyaq Amerika

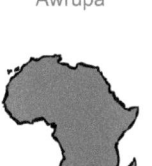
Afrika
Afrika

Asie
Asya

Austrálie
Awstralya

Atlantik
Atlantik okean

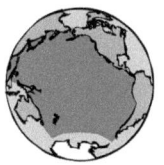
Pacifik
Tın okean

Indický oceán
Hind okeanı

Jižní ledový oceán
Antarktik okean

Severní ledový oceán
Arktik okean

severní pól
Tönyaq qotıp

jižní pól	Antarktida	země
Könyaq qotıp	Antarktika	Cir

  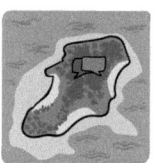

pevnina	moře	ostrov
qorı cir	diñgez	utraw

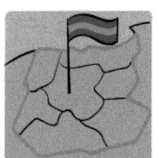 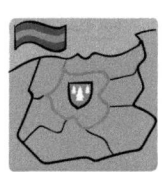

národ	stát
millət	dəwlət

hodiny
səğət

ciferník
səğət bite

hodinová ručička
səğət uğı

minutová ručička
minut uğı

vteřinová ručička
sekund uğı

Kolik je hodin?
Səğət niçə?

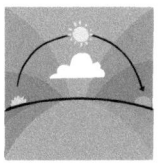

den
kön

čas
waqıt

teď
xəzer

digitální hodinky
dijital səğət

minuta
minut

hodina
səğət

týden
atna

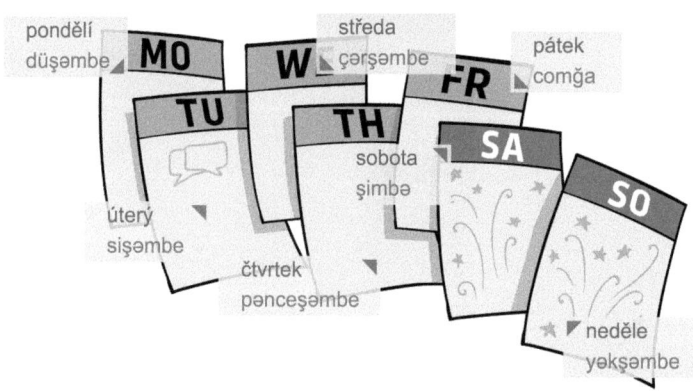

pondělí / düşəmbe — MO
úterý / sişəmbe — TU
středa / çərşəmbe — W
čtvrtek / pənceşəmbe — TH
pátek / comğa — FR
sobota / şimbə — SA
neděle / yekşəmbe — SO

včera
kiçə

dnes
bügen

zítra
irtəgə

ráno
irtə

poledne
töş

večer
kiç

pracovní dny
eş könnəre

víkend
yal könnəre

rok
yıl

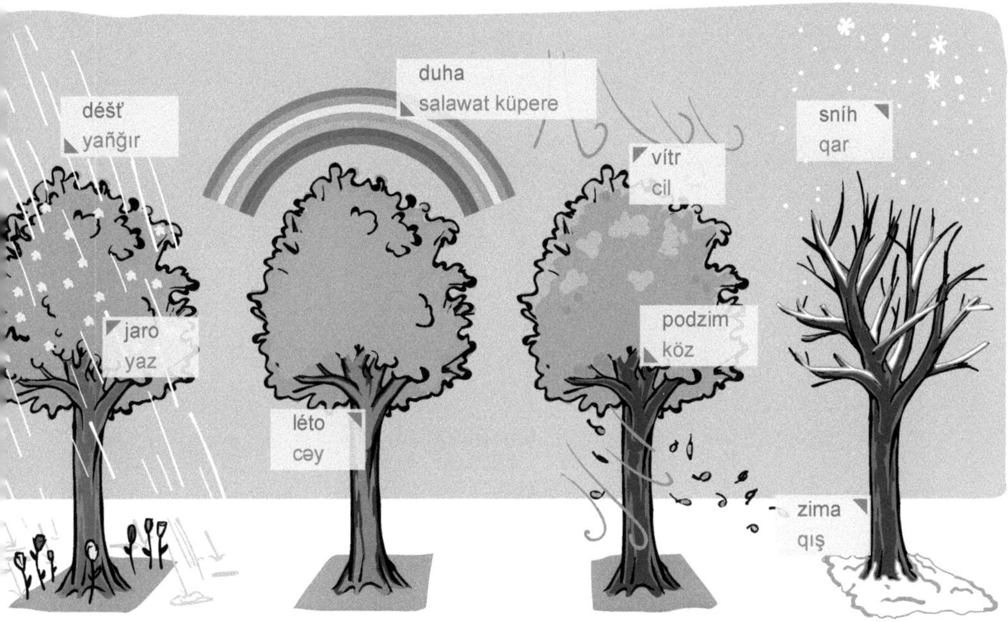

duha
salawat küpere
déšť
yañğır
sníh
qar
vítr
cil
jaro
yaz
podzim
köz
léto
cəy
zima
qış

4.APRIL 11°
5.APRIL 4°
6.APRIL 13°
7.APRIL 8°
8.APRIL 10°

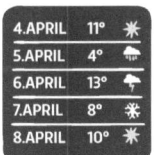

předpověď počasí

hawa torışı

F C
120 40
90 30
60 20
30 10
0 0
-30 -10
-20

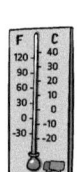

teploměr

termometr

sluneční svit

qoyaş yaqtısı

mrak

bolıt

mlha

toman

vlhkost

dımlılıq

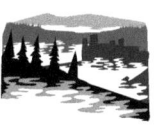

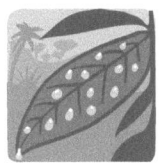

blesk
yəşen

hrom
kük kükrəw

bouřka
dawıl

kroupy
boz

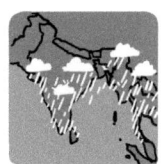
monzun
musson

povodeň
su basu

led
boz

leden
Qırlaç

únor
Aqman

březen
Buşay

duben
Yañarış

květen
Saban

červen
Çereşmə

červenec
Peçən

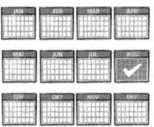
srpen
Uraq

rok - yıl

září
Indır

říjen
Bilek

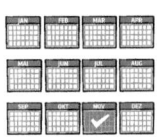
listopad
Qaraköz

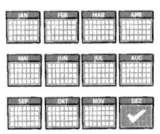
prosinec
Kerəw

tvary
şəkellər

kruh
tügərək

čtverec
dürtkel

obdélník
turıpoçmaq

trojúhelník
öçpoçmaq

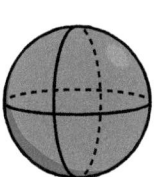
koule
körrə

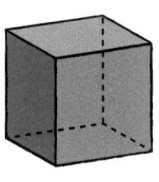
krychle
kub

barvy
töslər

bílá
aq

žlutá
sarı

oranžová
qızğılt sarı

růžová
al

červená
qızıl

fialová
şəməxə

modrá
zəñgər

zelená
yəşel

hnědá
körən

šedá
sorı

černá
qara

protiklady
qapma-qarşılıqlar

hodně / málo   rozzuřený / mírumilovný   krásný / ošklivý
küp / az   usal / tınıç   matur / yəmsez

začátek / konec   velký / malý   světlý / tmavý
baş / axır   zur / keçkenə   yaqtı / qarañğı

bratr / sestra   čistý / špinavý   úplný / neúplný
abıy, ene / apa, señel   taza / pıçraq   təmam / təmamlanmağan

den / noc   mrtvý / živý   široký / úzký
kön / tön   üle / tere   kiñ / tar

jedlý / nejedlý

aşarğa yaraqlı / aşarğa yaraqsız

zlý / hodný

yaman / yaxşı

vzrušený / znuděný

dulqınlanğan / yalıqqan

tlustý / hubený

yuan / yabıq

nejdříve / naposledy

berençe / soñğı

přítel / nepřítel

dus / doşman

plný / prázdný

tulı / buş

tvrdý / měkký

qatı / yomşaq

těžký / lehký

awır / ciñel

hlad / žízeň

açlıq / susaw

nemocný / zdravý

awıru / sələmət

ilegální / legální

qanunsız / qanunlı

inteligentní / hloupý

aqıllı / aqılsız

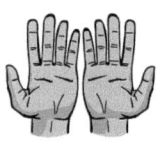

vlevo / vpravo

sul / uñ

blízko / daleko

yaqın / yıraq

nový / použitý
yaña / qullanılğan

nic / něco
hiçnərsə / nərsəder

starý / mladý
ölkən / yəş

zapnutý / vypnutý
ozdırılğan / sünderelgən

otevřeno / zavřeno
açıq / yabıq

tichý / hlasitý
tawışsız / göreltele

bohatý / chudý
bay / yarlı

správný / špatný
döres / yalğış

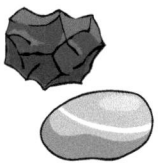
drsný / hladký
qıtırşı / şoma

smutný / šťastný
küñelsez / küñelle

krátký / dlouhý
qısqa / ozın

pomalý / rychlý
aqrın / tiz

vlhký / suchý
dımlı / qorı

teplý / chladný
cılı / salqın

válka / mír
suğış / tınıçlıq

protiklady - qapma-qarşılıqlar

čísla
sannar

0
nula
sıfır

1
jedna
ber

2
dva
ike

3
tři
öç

4
čtyři
dürt

5
pět
biş

6
šest
altı

7
sedm
cide

8
osm
sigez

9
devět
tuğız

10
deset
un

11
jedenáct
unber

čísla - sannar

12

dvanáct
unike

13

třináct
unöç

14

čtrnáct
undürt

15

patnáct
unbiş

16

šestnáct
unaltı

17

sedmnáct
uncide

18

osmnáct
unsigez

19

devatenáct
untuğız

20

dvacet
yegerme

100

sto
yöz

1.000

tisíc
meñ

1.000.000

milion
million

čísla - sannar

jazyky
tellər

angličtina
inglizçə

americká angličtina
Amerika inglizçəse

standardní čínština
Mandarin qıtayçası

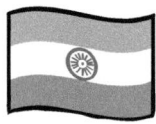
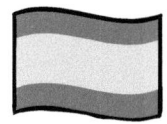
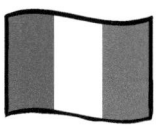

hindština
hindi

španělština
İspança

francouzština
Fransızça

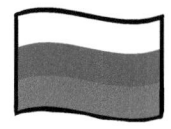

arabština
Ğərəpçə

ruština
Rusça

portugalština
Portugalça

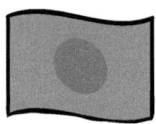

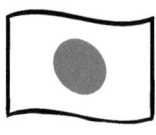

bengálština
Bengali

němčina
Almança

japonština
Yaponça

Kdo / co / jak
kem / nərsə / niçek

já
min

ty
sin

on / ona / ono
ul / ul / ul

my
bez

vy
sez

oni
alar

Kdo?
kem?

Co?
nərsə?

Jak?
niçek?

Kde?
qayda?

Kdy?
qayçan?

jméno
isem

kde
qayda

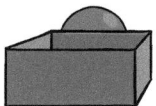

za
artta

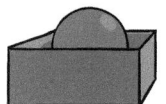

do
eçendə

z
aldında

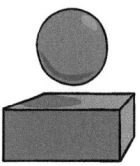

nad
östendə

na
östendə

mezi
astında

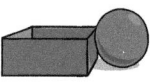

vedle
yanında

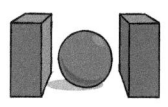

mezi
arasında

místo
urın